FOR$_2$

FOR pleasure   FOR life

送你一首渡河的歌

當時間停止，時間在哪裡？當意念停止，心又在哪裡？

心經

緣起

人，不斷承受著各種外在與內在環境產生的身心壓力。只是越到現代，尤其是進入二十一世紀的現在，這壓迫和苦惱越嚴重。空氣、水、陽光、食物、教育、經濟……等太多太多因素，讓我們感到越來越喘不過氣來。

我們越是想擺脫這些壓迫和苦惱，用盡各種方法，卻常是越糾纏不清。我們擁有的資訊越多，越沒法辨別真偽。越沒法辨別真偽，就越沒法做決斷，越需要更多的資訊，形成惡性循環。

簡單地說，「資訊」、「知識」和「智慧」是不同的。如果心無法安定，收到的資訊再多，不但不能轉成有用的知識、昇華成智慧，反而形成了「資訊焦慮」。而這些問題的根源，在於我們的心亂了。心裡面的空間太小了，甚至沒有了。

□

《心經》可說是中土最廣大流行的經典，幾乎人人耳熟能詳。因為經文非常的簡短，只有二百六十字，很簡單就背起來了。只是，這麼簡短的《心經》，其內容卻是系統龐大的般若經典之濃縮精華。

《心經》的全名：《摩訶般若波羅蜜多心經》，意思就是「摩訶般

若智慧的心中心」。也就是說，這部經典就是讓我們直接掌握浩瀚般若智慧心髓的經典，以《心經》的智慧來度脫一切苦厄；圓滿到達彼岸。《心經》可以說是心法中的心法，又簡短容易背誦，無論是對一般人或是學佛者，都是極佳的修行法門。

□
《心經》，就是讓我們成為一個生命的「觀自在」者，成為像佛陀一樣圓滿覺悟的生命寶鑰。

一般人常把「佛」當做一個在高不可及的上位對像，或只是把佛陀當做信仰的對象，所以把「信佛」當做比「學佛」更重要。其實，「學佛」，就是學習佛陀，依照正確的道路，圓滿成佛，而「信佛」可以作為「學佛」的開始，但是信佛之後，應該努力去瞭解佛陀，學習佛陀的心法，和佛陀一樣地去體悟，去實踐。信佛之後，如果只是將佛陀當作一個信仰、依靠的對象，那麼佛教也就和其他勸善的宗教沒什麼不同了。

我們想想，釋迦牟尼為什麼說他體悟、實踐的方法，是任何時間，任何地方的任何人都可以學的呢？因為佛法的本質，佛法的真實內容是不變的，是超越文字的，也是超越意識思維的，所以不會受到時間、空間、種族，乃至資質聰明愚笨等限制。

佛法最重要的，不是學了多少佛學名辭，或是讀了多少經典，而是把自己所了解的、體悟的，去實踐，去執行，變成生活中的一部份，自然融入佛陀的行住坐臥，而不是把佛法當做一種附麗的學問或規矩儀軌。廣學多聞，是以經典輔助我們，讓我們在修行實踐的過程中，有正確的地圖可以指引。但指月的手指，畢竟不是月亮。

□

解決一切煩惱的根源，就是要讓心來作主，隨順覺性，而非隨順煩惱。

心能作主了，眼、耳、鼻、舌、身、意這六根就有個統帥，所有的資訊進來，六根就各司其職，運用自如。佛法就是讓我們「心」的空間擴大。「心」的空間越擴大，就越自由，很多問題也會自然迎刃而解，不會鑽牛角尖。

此外，心鬆了，呼吸就放鬆，呼吸鬆了，身體就放鬆了，這樣身心的整體健康必定是增上的，而且對外境本身一定是溫柔和諧的，所以說整個生命在它周圍產生一種善性的循環，它的環境空間也就改變了。

□

這本書的圖，就是我在平時身心自然放鬆、放下的狀態下，隨手所畫的。

我的著述以文字為主。這是我第一本以畫為主體的著作。

以前我偶而就喜歡拿著筆，很自然專注的寫毛筆字，也不刻意臨帖，也沒受過正式訓練，就是隨心自在，寫幾個字而已。

因為我身心長期安住放鬆的結果，逐漸感受到這個筆拿在手裡的柔順。筆就像跟我的手融為一體，跟我的心融為一體，整個完全是一體的，而紙、墨跟我也好像是渾然一體。樣的筆調，這樣的筆意，我的心、手、字、畫，都是合為一體的，這讓我對書畫產生很大的樂趣。

開始的時候只是覺得畫的時候很舒暢，很歡喜，感覺很自在，過不了多久，有時候看到東西就隨手就這樣畫出來了。

□

一開始只是畫佛及菩薩像居多，至於什麼時候開始畫其他的東西，倒是沒有很深刻的印象，應該是一個很自然的過程吧！因為我隨筆畫上去的時候，只是想描繪這個世界的至真至美的一個顯現，畫佛菩薩如此，畫其他的東西也是如此。

我看到小朋友，就把那個小朋友畫成佛寶寶。甚至花、動物，我都想把它表現成它就是佛，就是一個圓滿生命的展現。這樣畫起來，我總是感覺到有很深刻的喜悅存在。

之前我將所畫的佛寶寶印成海報，還好有加了護貝，因為後來發現很多小朋友會去摸它、親它，海報上面沾滿了小朋友的口水。

我感到驚奇，咦！我這樣畫，小朋友竟然這麼喜歡！孩子喜歡它，而且孩子真誠的心靈可以跟它對話，使我感覺到真的好像成就了一件大事。

這樣我的心和手就都更放開了。我既然可以跟孩子對話，就可以跟山河大地，花花草草，狗狗貓貓對話。我可以看到他們的佛性，他們的純真，這麼自然狀態的體現。

在這種愈來愈鬆的狀況裡面，看待種種事物的童趣，就如同泉水一樣，自然湧出，讓我感到很歡喜。所以後來我就隨時隨地帶著筆，有時候是毛筆，有時候是鉛筆，有時候甚至各種奇奇怪怪的筆，我甚至拿著各種表現的素材，甚至眉筆，拿著木板或是隨手取得的材質，拿來就自然的畫了。像《愛情的22個關鍵詞》那一本書，就是這樣畫成的。

□

文字能夠把理趣說的比較清楚，這個道理一階一階說的比較清楚，讓大家透過一個思維去看去了解。但現代人受到的邏輯訓練是比較強的，有時候這一階一階的說理本身也會成為一種障礙。畫，就不一樣。

舉個例子來。2004年，我第一次在哈佛大學演講時，講放鬆禪法，當時我是以中文演講，由他人即席英譯。因為譯者本人對我講的東西有些並不那麼了解，所以事後我的學生們就在現場，為一些聽眾解說我演講的內容。其中有一位哈佛的老教授回答一句話，讓我感覺印象深刻。他說他都知道了，不需要透過言語，他看到我的身體、我的動作，看到我站在那邊，就知道那是怎麼一回事了。

所以說，有時候很多複雜的話都講不清的東西，往往透過一筆畫，一個圖像，看了就懂了。

有一次，美國一位矽谷的企業家，看到我寫的一幅五公尺的大佛字，他感受很深，他說：他看到的不是一個佛字，而是看到他自己身體放鬆了。他當場就感覺身體熱起來，整個身心非常舒暢。

談什麼是放鬆、放下、放空，解說得再多，聽的人不一定都能理解。但是看畫，看畫裡的線條、色彩，感受生命的放鬆與和諧，可能會另有所得。

一幅畫，同樣可以使你的呼吸都放鬆下來，得到很好的調整，心鬆開了，看待事情也好像特別清明，特別有靈感。事實上我畫每一幅畫，都直接跟我的心意相通，所以跟文字相比，畫雖然好像沒說什麼，但又好像更直接，說得更多，意會的是內心更深的一種觸動。

□

這種身心放鬆的境界，和《心經》有什麼關係呢？

《心經》一開頭「觀自在菩薩，行深般若波羅蜜多時，照見五蘊皆空，度一切苦厄」─當我們「照見五蘊皆空」，身心自然完全放鬆、放下，不執著了，因此就能「度一切苦厄」，解脫一切煩惱。

「照見五蘊皆空」，就是觀照自己的身心五蘊，色身、感受、思想、生命意志及意識，都是無法執著的，是空不可得的，由此產生無礙的智慧，超越一切苦難困厄。

我創發的這套放鬆禪法，根本的原理，正來自於《心經》「空」的智慧。

平時我們練習，讓眼、耳、鼻、舌、身、意這六種感官放鬆放下，時時保持身心的覺性，不要貪著外境，不會看到好看的、好吃的、好聽的，心就跟著跑了。如果六根、心能不隨外境所轉，時時以覺性觀照，也就能成為真正的「觀自在」。

《送你一首渡河的歌》，將《心經》以全新的風貌與大家見面，希望每一個現代人都能自由自在汲取《心經》的智慧之泉。

無論在過去，現在，乃至未來，《心經》的智慧，都能幫助生命走向光明幸福。

2008年11月，我應邀到美國哈佛醫學院麻省總醫院（MGH），以放鬆禪法為主題進行英文演講。MGH是麻醉技術等諸多現代醫療技術

的發祥地，也是全美醫療科學研究投入最大的醫院，為世界重要的醫學研究機構。那裡的許多科學家都認為：禪修是保持人類身心健康的極佳方法。

從2009年以來，我就和哈佛醫學院麻省總醫院的科學家們，以腦功能成像，共同研究禪修、放鬆對人體的影響。我希望這套方法可以做為未來人類，面臨長途的太空旅程時，保持身心最佳狀態的生命技術。

這些科學家們聽了這個方法，非常振奮，他們認為，這套方法這可能是在未來人類面臨長途的太空旅程時，保持身心最佳狀態的重要方法。

很快的，人類即將要進入太空世紀，地球上的生命，將和宇宙其他星球的生命相接觸。未來，是一個「星際大戰」的時代，還是一個「宇宙共榮」的時代？必須要從現在開始決定。

幫助每一個生命開啟覺性的光明，是我一生最大的心願，也是人生的最大意義。祈願每個人都能成為「地球禪者」，讓覺性智慧的光明，以地球為核心，向宇宙發出和平的訊息，傳佈到各個星球星系，將地球的覺性精神奉獻給宇宙，讓這首渡河的歌，成為宇宙中最美的歌聲，垠古傳唱！

the Sutra of My Heart

心經

觀自在菩薩

This sutra is the heart of great wisdom
which transcends everything.

當時間停止，時間在哪裡？
當意念停止，心又在哪裡？
過去的意念，就像微風吹過，已經消失了；
未來的念頭還沒有出現。
這時，你在想些什麼？

生命並不存在於過去或未來，
過去與未來，只是意念的互相滲透而串連起來，
一種幾乎沒有破綻的錯覺。

行深般若波羅蜜多時

The freeness-of-vision Bodhisattva enlightens all and
saw through the five skandhas which were empty,

每一個生命，都只能活在現在。
但是，所謂「現在」，曾經存在嗎？
多長的時間稱為「現在」？多短的時間稱為「現在」？
一分鐘、一秒鐘、一剎那？會不會根本沒有現在！

當你不再為「過去」的意識所俘虜，
不再被「未來」的心念所纏繞；
當你不坐「現在」之監獄，生命才能得到真正的自由。

照見五蘊皆空

while living the complete transcendental wisdom.

一切存在，
包括我們的身體、感受、思想、生命意志和心念，
都是由各種條件所構成的，沒有恆久不變的自體
是空而無常的

一棵樹從種子開始，不斷地蛻變，
陽光、土地、水份、空氣……都影響著它的成長
它不會停止在某一個時刻，某一個形狀。
正因為有種種條件的參與，
所以小小的種子最後才能長成一棵花繁葉茂的大樹。

度一切苦厄

And, so, was beyond suffering.

這就是空的作用。

能自在地顯現宇宙的萬象。

空，不是什麼都沒有，更不是一種停滯的狀況。

空，是萬事萬物的真實樣貌──沒有任何事物擁有絕對不變的
形體、不可踰越的邊界。

能夠觀自在的你，

了知自身、他人與外境的空幻無常，

泯除了所有的對立界線，沒有敵者。

能超越一切生命的憂悲苦惱。

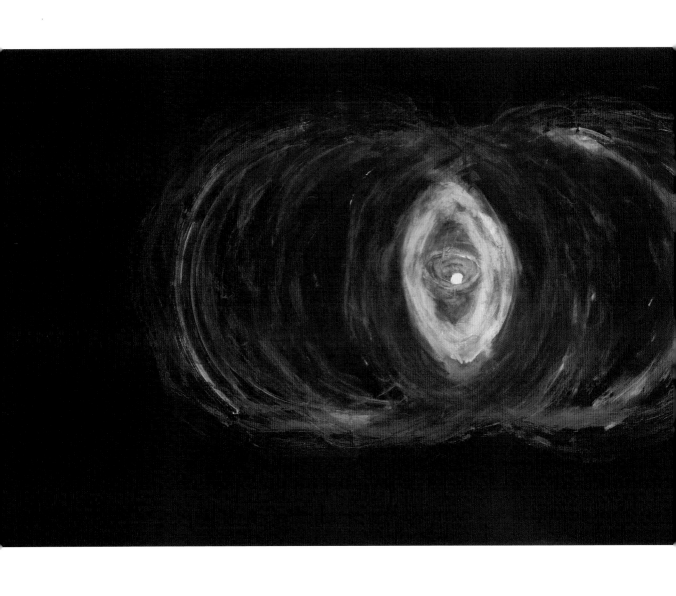

舍利子

Listen. Sariputra!

任何存有現象都不斷地在變化中，
找不到一個不變的實體。

色不異空

Substance is not different from emptiness;

就像我們的身體，由億萬個微細粒子所構成的，
如果把這些微細粒子一個個分解，
所謂的「我」，最後不過是一堆原子的塵土而已。

這些微塵都曾經是你的一部份，
它們的結合造成你的生命，你的存在；
當你生命結束，肉體分解，
它們又各自和別的微塵組合成其他的形態。

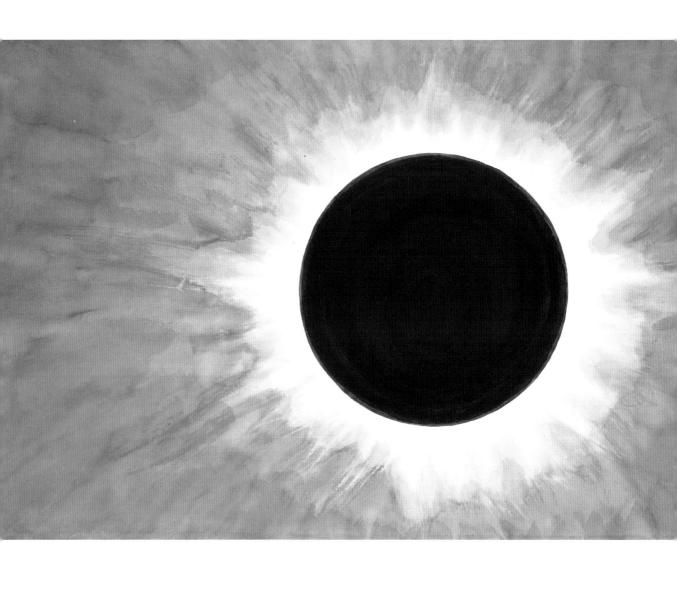

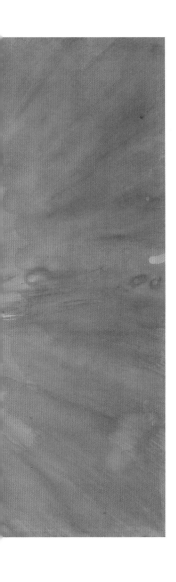

空不異色

emptiness is not different from substance.

空，有如暫時被定格的幻影，
它在這現象出現之前不存在，
現象消失之後也不存在；
而每個現象在顯影過程中，也是不斷在變化著。

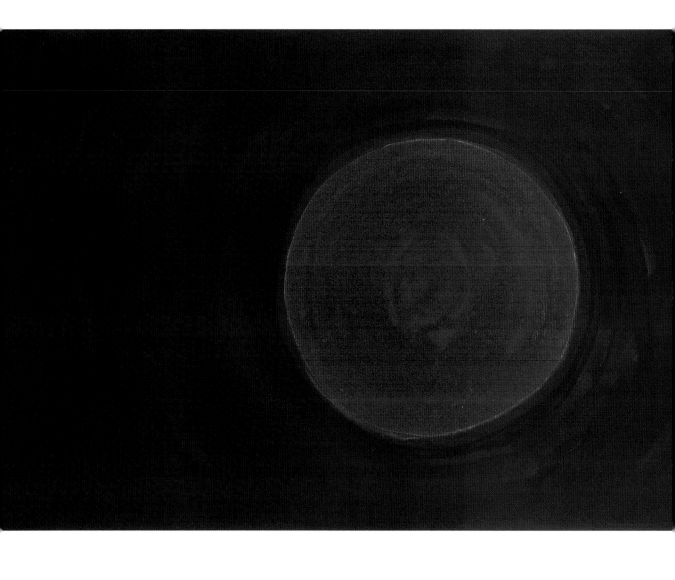

色即是空

And substance is the same as emptiness;

我們六根所感受到的一切是如此真實，
但如果你要找出它常住不變的本體，卻了不可得。
生命的種種痛苦煩惱，正是來自於這種錯誤虛妄的想像。

一切痛苦的根源，都來自於緊緊抓住「自我」，
以「我」為中心，來建構周遭的一切。

空即是色

emptiness is the same as substance.

「我的」太太，「我的」孩子，「我的」衣服，「我的」喜好……
一圈又一圈「自我」的牢獄，禁錮了自心，
讓自己和生命中邂逅的事事物物無法感通，
不是貪婪地執取，就是厭惡地排拒，或是漠然無感。

只有去掉心中那條「自我」的界線，
才能得到生命的大自在。

受

Feeling,

打開「自我」的限制，天地無限遼闊。

想

thinking,

放掉自我的執著，重新觀看世界，
它不會增加什麼，也不會改變什麼，
這世界還是一如往常地運作著，
但是你的心不一樣了。

行

willing,

就像恢復平靜的水面，
能清楚照見這個世界真實的面貌，
之前圈禁你、遮蔽著你的一切，
不再成為煩惱的根源。

識

awareness

你開始自在悠游於無限可能之中，
不管是所看、所觸、所感，都變得無比清晰澄澈：
好的氣味不會讓你生起貪著，
壞的氣味不會讓你心生厭惡。

亦復如是

are also like this: empty.

好聽的話無法控制你，
難聽的話也不會讓你生起無明火，
眼所見，耳所聞，六根接觸的外境，
種種感受明明白白，
卻不再成為生命的制約。

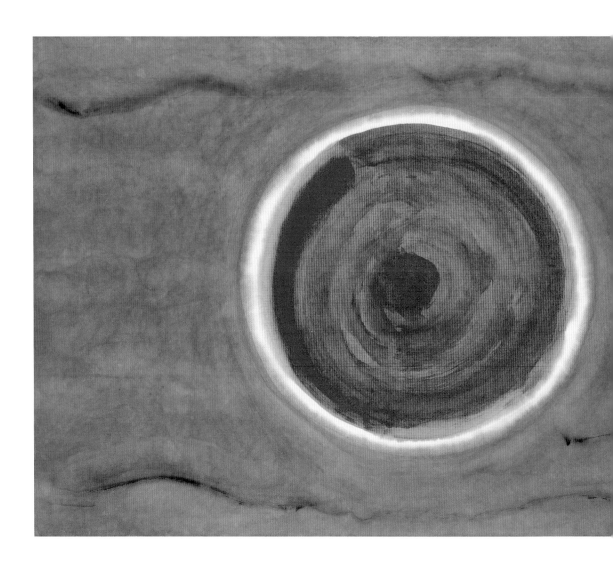

舍利子

Listen. Sariputra!

你能感受到萬事萬物鮮活的生命力，
可以聽到山的聲音、樹的聲音、雲的聲音……

是諸法空相

All are empty;

小至你我的生死，大至地球的誕生與毀滅，
乃至整個宇宙的運作，都是相續不斷變化著；
這種空的力量，能夠創造出一切不可思議、無窮無盡的宇宙萬象。

不生不滅

non-beginning, non-ending,

宇宙中的一切現象，
從來沒有生起，也從來沒有消滅過。
它們只是隨著因緣條件的流轉而形成，
又隨著因緣條件的變易而消失。

就像大海一樣，波濤洶湧，
一個接一個的巨浪生起、消失，
生生滅滅、永無止息，
但大海依舊是大海，根本沒有生起或消滅。

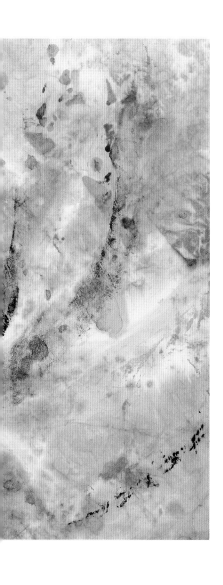

不垢不淨

non-impurity, non-purity,

生命也是這樣。從人的角度來看，
人的出生稱之為「生」，人的死亡稱之為「死」。
然而，「生」又何嘗不是「死」之死，
「死」也正是「死」之生。

我們此世的出生，
是來自其他存有狀態的消失與轉換，
所以此世的「生」，也可以說是過去存有的「死」；
而此世的「死」，也正是下一世的「生」了。

不增不減

non-increasing, non-decreasing.

我們把轉變當作一個「生」、一個「滅」，
但是從本質上來講，
它從來沒有生起、沒有消滅，只是不斷地變化著。

是故空中無色

So, in emptiness, there is no substance,

萬物不斷流轉，
就像水，可以分解為氫原子和氧原子，
也可以結合成透明的連續體，
上一刻是河流與海洋，
下一刻是雲朵或雨滴。

feeling,

因此，你既找不到一個永遠不變的實體可以染污，
也沒有染污者。

想

thinking,

從另外一個角度來看，
宇宙既然這樣無邊無際，
時間既然這樣無前無後，
它中間既有光亮，
也有黑暗，有清淨，也有髒污，
那麼到底應該說它是明還是暗？
是穢垢還是潔淨？

行

willing,

這樣的存有，沒有任何一個東西能限制它、傷害它；
任何增加它或減損它的作為，都是徒勞的，
因為它就是那麼圓滿、絕對，
遠離「多」或「少」、「大」或「小」、「增」或「減」
這些相對性的思惟。

識

or awareness.

當我們明白萬物的體性都是虛幻不實的時候，
就能超越我們的眼睛、耳朵、鼻子、舌頭、皮膚、意念，
六種感官力量的制約。

無眼

There are no eyes,

世界的訊息和刺激這麼多，
我們總以為要全力使用自己的各種感官，
才能吸收到自己需要東西。

因此，我們感官的作用也就被外境所控制，
反而看不清楚、聽不明白。

然而，當我們盯著東西看的時候，能看到的範圍就變小了。
如果我們知道，
事物不會因為我們不緊盯著看就看不到；
把眼睛整個放鬆，
那眼睛就可以像鏡子一樣，可以輕易照見萬象
——讓東西來看我們，而不是我們去看東西。

ears,

當你的耳朵放鬆，不再對外界聲音執著之後，

就像聽最高級的音響一樣，

能夠很敏銳地感受到最微細的聲音，而且是柔軟而悅耳的。

鼻

nose,

你的鼻子放鬆，
因為沒有執著的緣故，
不會因為聞到好的氣味就貪求更多，
也不會聞到不好的味道就生氣，
因此嗅覺就會變得更加敏銳，
鼻子、舌頭、身體的觸感跟意念也一樣，
我們整個身心不再向外抓取，
完全放鬆，因此，不會被外在的現象所制約。

舌

tongue,

一個健康的人，口中唾液充分地分泌，
只要舌根放鬆，可以遍嚐各種味道，
而且都是最美好的味道。
所謂的美食家，往往最難嚐到滿意的味道。

身

body

當身體完全放鬆，觸覺也會變得非常靈敏，
碰到一個東西感覺很舒服，卻不會貪著於它，
感覺不舒服時，也不會生起厭惡之心，
只是避開遠離而已。

or awareness.

意念也是這樣，我們接收各種訊息，
但不產生渴求，也不排拒，
對是非善惡清楚知曉而超越它。

無色

There is no substance,

如果我們體悟宇宙萬象的空性，
這時我們的眼睛看到一切，
但視線卻不會被外在的物相所蒙蔽。

聲

sound,

.

同樣地，我們不會被外在的音聲所俘虜。

smell,

不會受到香臭的左右。

味

taste,

不會受到飲食的驅策。

觸

feeling of touching,

不會貪戀美好的觸覺。

法

or thought.

這樣的你，和山河大地、萬事萬物都是統一的，
六種感官對你而言，不再有是分立有隔閡的，
但是它們各自感受的外境──色、光、氣味等一切現象，
又是清清楚楚。

無眼界

There is no realm for the sense of eyes or other senses,

當你體悟了萬物空的實相，
就可以超越眼睛、耳朵、鼻子、舌頭、身體、意念，
乃至生命的一切界線，得到完全的自由。

乃至無意識界

nor even a realm of awareness.

一切現象、一切領域對你而言，
只是各種條件集合之下，在此時此刻的時空裡面，
展現你現在這樣的樣態，
但是在這中間並沒有一個真實的本體，
所以能夠顯現種種不可思議的風貌。

無無明

There is no unawareness

當你體悟了萬物空的實相，
就可以超越眼睛、耳朵、鼻子、舌頭、身體、意念，
乃至生命的一切界線，得到完全的自由。

亦無無明盡

nor cessation of unawareness.

當你的身心超越這一切，
獲得徹底的自由，也就不再有「智慧」與「無明」的分別，
自然也沒有「無明盡」這一回事了。

乃至無老死

Also no senility or death;

我們觀察生命的死亡，體認到自己終究也有死亡的一天。
事實上，我們隨時隨地都會死，
因此死亡並不特別，也不奇怪。
生、老、病、死，都只是因緣條件不斷轉換的一個過程而已。

亦無老死盡

no cessation of senility or of death.

一個洞見真相的達者，
超越了生、滅的有限觀點，
了知「老」、「死」的現象也都是虛妄的；
既然沒有「老」、「死」這回事，
也就沒有「老」、「死」需要超越。

如果能了知一切事物的體性都是如此虛幻不實
——既然沒有煩惱的主體，自然也就沒有煩惱的消除了。
我們可以平靜、安心，好好地活著，該做什麼就去做，
不會猶豫，也不會懊悔。

無苦

There is no suffering,

所以，什麼是痛苦？
什麼是痛苦的原因？
什麼是消除痛苦的方法？

以肉身而言，痛苦的現象是存在的，
但最大的痛苦，卻是我們對痛苦的想像。
「痛」是生理現象，「苦」則心理現象，
兩著之間並沒有必然的聯結。

集

no cause of suffering,

痛苦的緣由，常常肇因於我們給心一個虛幻的想像。
當我們超越感官，看清一切事物的真相，就會發現：
痛苦的本性是虛幻的，因此痛苦的發生與止息也都是虛幻的。

滅

no cessation of suffering,

如果這一切都是那麼虛幻不實，有如夢境，
是不是超越本身，在這時候也被超越了？
那麼在這中間誰是證道的？
誰是獲得無上智慧的？
誰能真正擁抱虛幻？

道

no cessation of suffering path.

一旦我們超越了所有的智慧，
也超越了其他一切能得到的東西，
我們立刻可以從智慧裡面得到大自由，
並且從一切虛幻的佔有中得到大解放。

無智亦無得

There is no wisdom and no achievement.

真正的大智慧者，不會執著智慧的境界。
執著智慧的人，身上散發出智慧的酸味，
被虛假的境界所限制，而執著真實。

追求智慧的過程，就像在黑暗中要將瓶蓋合上瓶身，
在伸手不見五指的黑暗裡，不斷摸索著、試探著，
最後終於把瓶蓋合上瓶身，然後再把它旋緊。

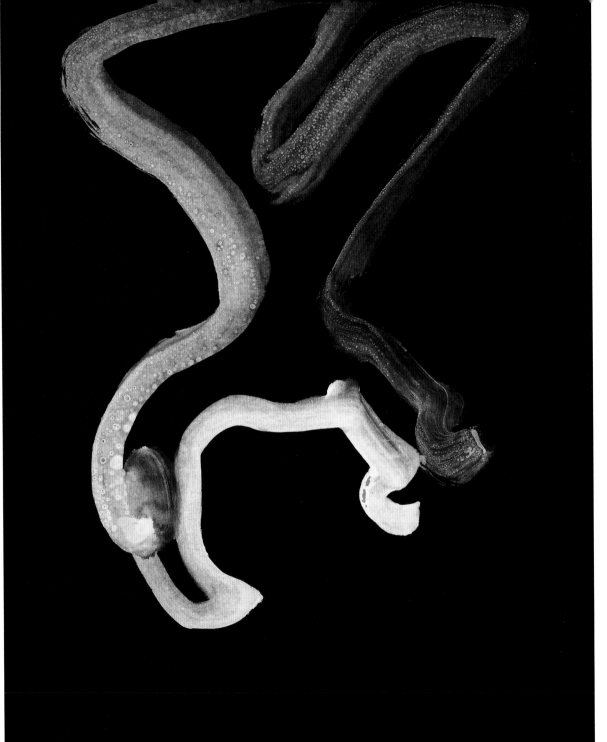

以無所得故

Because there is no achievement.

可是，當你把瓶蓋拴緊在這個瓶罐上時，
瓶身同時也抓牢了瓶蓋。
當你被境界所控制，就不能自由自在地運用智慧。

想要脫離這個相互套牢的狀態，
必須再一次把蓋子旋出來——
這旋出來的蓋子，就是你要放棄的自我，知識的傲慢。

菩提薩埵

Bodhisattva,

如果只知拿著瓶子和蓋子，
只能戴著「智慧的眼鏡」才能看東西，
這並不是圓滿自在的境界。
把執著放掉，遍大地都是智慧。

不執著智慧，並不是說心裡面想著：「不要執著智慧」。
這與修養無關，而是事實如此——根本沒有任何境界或智慧可得。
擺脫「除此之外沒有智慧」的迷思，
才是真正超越一切的智慧。

依般若波羅蜜多故

transcending perfect wisdom,

只有讓生命中的每個體驗都清楚明白，
卻又不陷入習慣性的思考模式，才會轉變成智慧。

心無罣礙

is not mind-clouded;

當我們用智慧了知萬有的真相，沒有任何疑慮，
此時此刻，看到一切眾生、事事物物，
我們沒有分別，沒有幻想，不被束縛，
於是可以自由自在地去幫助建立所有的清淨世界，
幫助所有生命得到圓滿。

無罣礙故

Mind unclouded,

如果我們的感官接收外境不斷變化的訊息，
卻在心裡面產生一種期望，希望這些東西永遠不變，
或以為它永遠不會消失；這正是一切痛苦的根源。

我們的感受是那麼真實，
而我們的心則把它轉成虛妄的幻想。
這種慣性的錯誤迴路，
讓我們內心生出了種種恐怖，種種驚嚇，
在生命中輪轉不停，永遠沒有辦法得到自由、感到自在。

無有恐怖

is liberated from existence and fear;

一顆完全自由的心，充滿了寧靜，
當然也擺脫所有痛苦，遠離所有恐懼
——因為恐懼來自錯誤的思惟：
誤以為有什麼東西可以得到，有什麼東西會失去。

遠離顛倒夢想

free of confusion,

當你看清一切事情的真相，
心裡面完全沒有恐懼，
也就不會產生錯誤的認知，
在幻影中漂流不止，為各種迷思所苦。

究竟涅槃

attains complete, high Nirvana.

生命因此可以獲得徹底的解放，
時時刻刻都是如此平靜與安穩。

三世諸佛

All Buddhas, past, present and future,

從過去、現在到未來，
一切生命達者所依止的，
就是能夠清楚觀照宇宙萬象，
同時遠離一切執著的智慧。

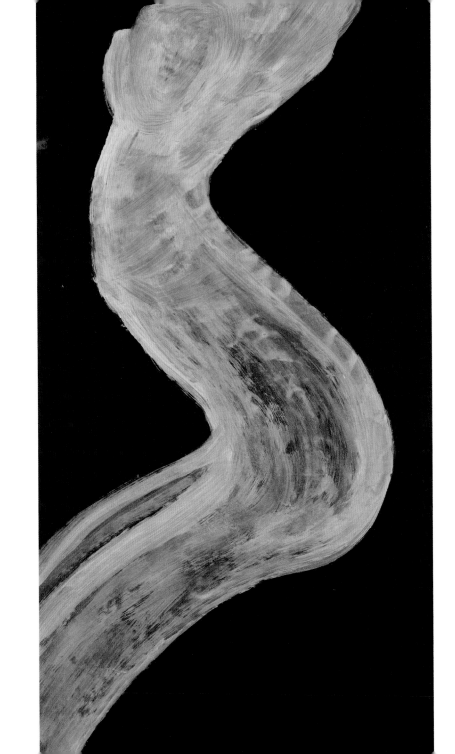

依般若波羅蜜多故

transcend perfect wisdom and are supremely,

外在沒有東西需要再超越了，
而你的內在根本上也沒有任何東西需要被超越。

不只是放下對萬事萬物的執著，
而是這裡面根本沒有任何不變的實體可讓你去執著；
你的心不再受到任何干擾，
沒有事情、沒有境界再能干擾你的心。
你的智慧不再依靠任何智慧而生起。

得阿耨多羅三藐三菩提

completely and perfectly enlightened.

你觀察宇宙萬象，就像拿在你手中的一個杯子，
裝滿清水之後，你看得清楚明白；
把水喝下去的感覺，不是在你的記憶裡面，
也不在你的想像裡面，
而是如此現成、無比真實：就是這麼的甘美、清涼。

這樣的智慧，是空的，
無可得的，更談不上「增加」或「減少」；
它也無處不在，
你沒有必要去拿起一個叫做「智慧」的東西放在那裡，
也不需要特地戴著一個所謂「智慧」的眼鏡，才能觀看萬事萬物。

故知般若波羅蜜多

So Prajñāpāramītā,

真正圓滿無上的智慧，
就是你要用的時候，它就在那邊；
當一個現象生起的時候，你當下了知這個現象的虛幻本性，
因而心裡沒有任何執著。

這不是邏輯推理、公式換算，而是真真實實的體悟。
因此也就沒有記著或遺忘，無關提起或放下。
它完全是自然現成的，可以在每一個地方自由運用，
讓你充滿自在的喜悅。

是大神咒

the insight of emptiness,

這時，不只是「執著」消失了，
連「沒有執著」也消失了，
只因在這個當下，一切都得到完整的體悟。

有事的時候，無事的時候，事情變化的時候，
全都是清清楚楚明明白白，
你的心中沒有一絲一毫的疑惑、一絲一毫的猶豫，
沒有附著，沒有紛擾，也沒有遺憾。

是大明咒

is the great holy verse,

讓你的心進入智慧的大海，
就像水流進水中，你的心也就成為智慧的心，
讓智慧的水自然流動吧！

仔細觀察你的心、你的肉身、你的呼吸，
過去的念頭完全消失了，未來的念頭還沒有生起，
這時的念頭越來越清楚了，
一個又一個，越來越細微，也像水泡一樣，一個個消失。

於是你的心完全平靜了，
整個宇宙也像澄淨的大海一樣完全平靜了，
萬事萬物隨它們去吧！你的心就像水一樣，智慧也像水一樣，
讓水流到水裡，你的心也就成為智慧的心，
讓智慧的水自然流動吧！

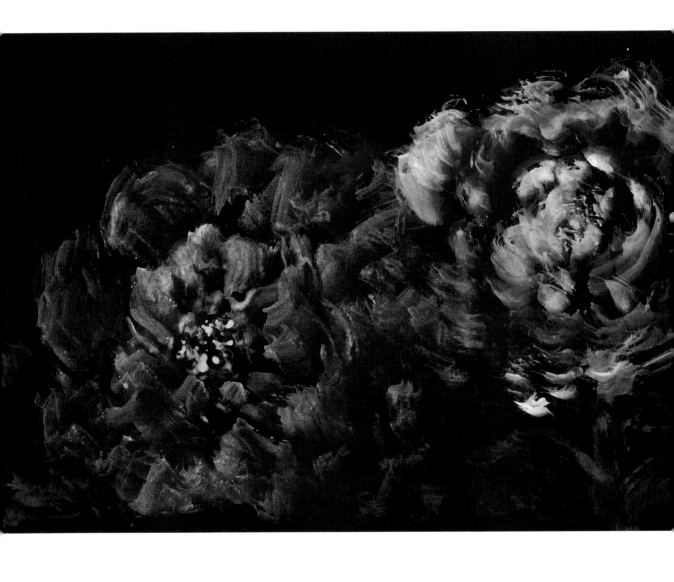

是無上咒

the wisdom of enlightenment,

讓一切回到不再有任何執著的實相自身吧！
生命中一切痛苦、紛擾、委屈、不平與煩憂，
也都將自然融入大智慧的海洋消失無蹤。

這樣的心，絕對是你真實的體悟，
而不只是一種想法或見解。
自在的感覺，是你的心沒有疑惑，能夠自在地決定，
但是對任何決定都沒有執著、沒有迷惘也沒有煩惱；
在寂靜喜悅之中遊戲著，不會受到誤導與遮障。

是無等等咒

unequalled and incomparable.

不管在任何地方、身處任何因緣當中，
你都能恰當地反應，隨時隨地做自己該做的事，
對一切生命自然生起慈愛之心，
想給予他們快樂，幫助他們拔除痛苦、超越煩惱。

一個自由者，
沒有一絲一毫黏滯在自己一時的痛苦、煩惱或喜悅之上。
隨著每一個現象，心中完全沒有執著。

能除一切苦

It eliminates suffering.

你此時此刻充滿喜悅，
下一刻要做的並不是保持這個喜悅，
而是產生下一刻新的喜悅，
這樣才能念念自由、念念歡喜。

覺悟，是每一剎那都能念念自覺，
而不是有個需要去保持住的覺悟的境界。
如果以為可以抓著一個叫「智慧」的東西，
那就會時有時無，生滅不斷；不是真正的智慧。

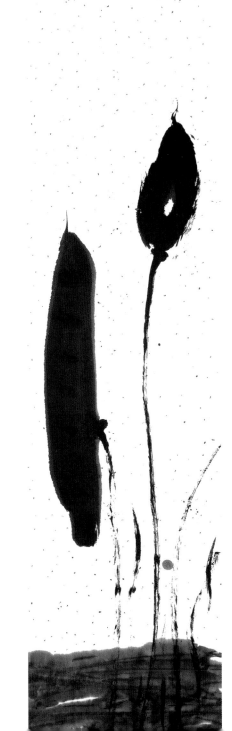

眞實不虛

This is true and not false.

對任何境界，我們可以用眼、耳、鼻、舌等種種感官去體會去觀察，
你可以看到它的美，它的善，沒有想去執取它的心念，
於是反而能夠看到萬事萬象的本性，
目睹它不可思議的變化。

生命沒有死亡，只是不斷變化。
我們為什麼要把轉換視為一種可怕的傷害呢？

故説般若波羅蜜多咒

So, we speak aloud

經常創造自己的歡喜，
智慧就是讓我們源源不絕創造歡喜的力量，
而慈悲心讓我們可以輕鬆承擔一切生命的重軛。
這些力量不假外求，都是從你的心裡自然生出。

死亡降臨的時候，你自在地走，走出自己。
只有接納死亡，生命才是完整的：
見到死亡，也見到自己的出生，
從生到死的過程中，不斷地超越、昇華。

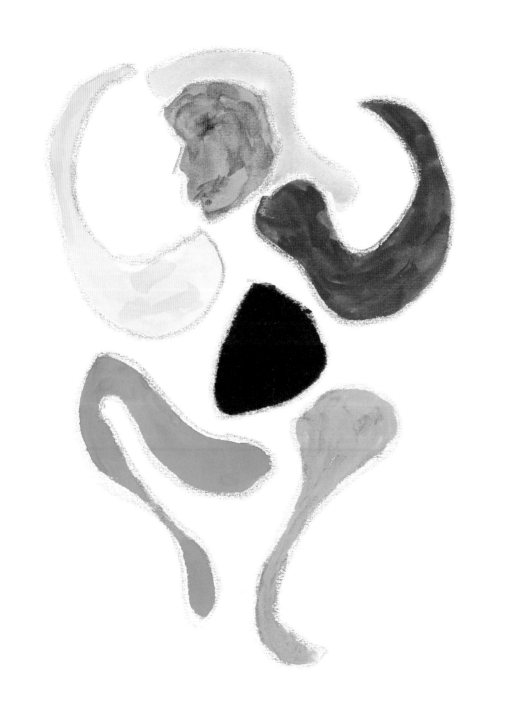

即說咒曰

and recite the Prajñāpāramītā:

於是你彷彿聽到一個隨時隨地在鼓舞著你、催促著你的聲音：

揭諦揭諦

Gate Gate
Gone, gone, gone beyond.

來吧！我們大家一起來吧！

波羅揭諦

Pāra-gate
All things to the other shore.

緊緊牽著彼此的手，跨越痛苦與煩惱幻影幢幢的此岸，
讓生命抵達最真實、最自在、最圓滿的彼岸吧！
成就無上的覺悟。

波羅僧揭諦

Pāra-saṃgate
Gone completely beyond all, to the other shore.

如果你執著而不得自由，
那麼你就像一個迷失的旅人，
永遠留在早該出發的此岸；
當你放下執著，不被生命的慣性所制約，那麼此岸也就成了彼岸。

彼岸即自由——
有如從夢中醒來，睜開雙眼，
我們看見自己，就在彼岸。

菩提薩婆訶

Bodhi Svāhā
Enlightening wisdom.　All perfect.

彼岸在今生，不是終點，而是起點。

智慧有如普照的陽光；慈悲就像清涼如水的月光。

遍地都是觀自在。

自由觀自在。

國家圖書館出版品預行編目資料

送你一首渡河的歌：《心經》= The sutra of my heart／洪啓嵩繪著. －－初版. －－臺北市：網路與書出版：大塊文化發行, 2008.12

面； 公分. －－（For2；10）

ISBN 978-986-6841-29-3（平裝）

1. 般若部 2. 佛教修持

221.45   97019386

FOR2 10

送你一首渡河的歌──《心經》
The Sutra of My Heart

圖、文、英譯：洪啓嵩
英譯顧問：Jim Walsh, J.D.
責任編輯：冼懿穎、李佳姍
設計：張士勇工作室
法律顧問：全理法律事務所董安丹律師
出版者：英屬蓋曼群島商網路與書
　　　　股份有限公司台灣分公司
台北市10550南京東路四段25號11樓
TEL：886-2-25467799
FAX：886-2-25452951
email：help@netandbooks.com
http://www.netandbooks.com

發行：大塊文化出版股份有限公司
台北市10550南京東路四段25號11樓
TEL：886-2-87123898
FAX：886-2-87123897
讀者服務專線：0800-006689
email：locus@locuspublishing.com
http://www.locuspublishing.com
郵撥帳號：18955675
戶名：大塊文化出版股份有限公司

總經銷：大和書報圖書股份有限公司
地址：新北市新莊區五工五路2號
TEL：886-2-89902588
FAX：886-2-22901658
製版：瑞豐實業股份有限公司
初版一刷：2008年12月
初版五刷：2015年3月
定價：新台幣280元
ISBN：978-986-6841-29-3
版權所有 翻印必究
Printed in Taiwan